V. 2732.
+6A.

26071

# HOMMAGE
## AUX
## AMATEURS DES ARTS,
### Présenté au ROI,

Par le Sieur Pelletier, Ingénieur-Machiniste, Pensionné par S. A. R. Dom Gabriel, Infant d'Espagne.

# HOMMAGE
## AUX
## AMATEURS DES ARTS.
### OU
# MÉMOIRE

Contenant un détail abrégé d'inventions utiles & agréables dans la méchanique, l'optique, l'hydraulique, la balistique, la physique, la partie magnétique, l'horlogerie, la musique, la géographie, &c. Et contenant en outre quelques observations critiques sur l'ouvrage intitulé : Essai sur la Chasse au fusil, de la seconde édition.

Par le sieur PELLETIER, Ingénieur-Machiniste, pensionné de S. A. R. Don Gabriel, Infant d'Espagne.

Prix, 1 ₶ 4 s.

A SAINT-GERMAIN-EN-LAYE,

Chez l'Auteur, rue de Poissy;
Et à Paris,
Chez la Veuve THIBOUST, Imp. du Roi, Place Cambrai.
Et à son seul dépôt chez M. l'Abbé LESUEUR, au coin de la rue neuve d'Orléans, porte St.-Martin.

Avec Approbation, & Permission du Roi.
M. DCC. LXXXII.

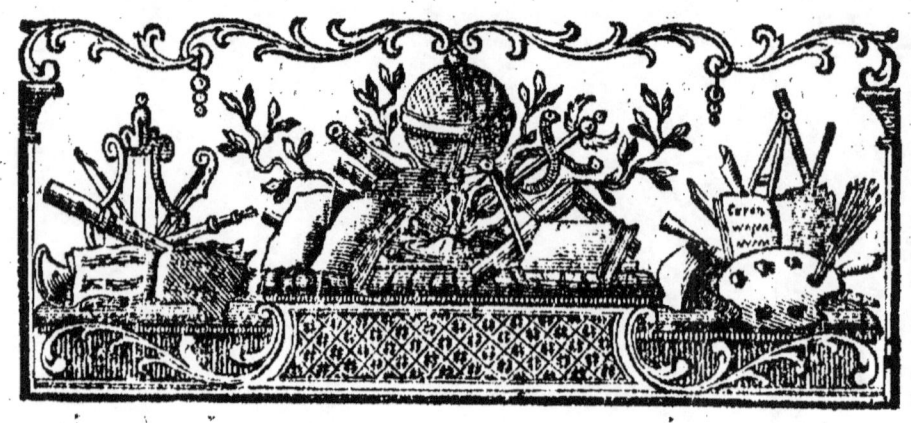

# HOMMAGE

*AUX*

# AMATEURS DES ARTS.

J'ENTREPRENDS d'écrire moi-même avec simplicité & sans art, le détail abrégé des découvertes que j'ai faites pendant le cours de plus de trente années, dans plusieurs genres d'utilité & d'agrément.

Une étude constante & réfléchie de l'action & de la réaction des corps les uns sur les autres; une heureuse combinaison des effets de ces deux puissances;

A ij

& une longue expérience dans la pratique, m'ont rendu maître de tous les corps malléables, élastiques ou flexibles, pour les appliquer à tous les arts utiles, & même les faire servir à tous les caprices du luxe.

L'on doit avoir vu dans toutes les feuilles périodiques, depuis 1759 jusqu'à présent, le détail de toutes les machines que j'ai inventées, tant pour l'utile que pour l'agréable, relativement à la méchanique, l'optique, l'hydraulique, la balistique, la physique, le magnétisme, &c.

Je prie les personnes qui liront ce mémoire, de croire que toutes les machines que j'ai fait annoncer dans les journaux, ont été inventées & exécutées par moi, d'après mes idées; & que je ne ressemble pas à ces rivaux de Prométhée, qui, n'étant que de misérables geais, osent avoir plus d'orgueil que les paons, dont ils ont volé les plumes.

Depuis 1770, je me suis absenté de ma patrie pour examiner les Artistes de chaque pays, afin de connoître les différentes manieres de travailler, & de simplifier, dans tout ce qu'il me feroit possible ; ce que j'ai fait, comme on le verra dans la suite de cet écrit.

J'ai été demandé à Vienne par feue S. M. l'impératrice reine de Hongrie, pour y faire mes expériences de physique, que sa majesté me fit réitérer pendant plusieurs jours, en présence de l'archiduchesse sa fille, actuellement reine de France.

Je fus ensuite appellé à la cour d'Espagne, pour y faire les mêmes expériences. Son altesse royale l'infant dom Gabriel, me retint auprès d'elle, pour lui enseigner mes talens. J'y restai l'espace de huit années. Sa majesté catholique, me fit l'honneur de me faire jurer une place à sa cour. Après ce laps de temps, son altesse royale l'infant dom Gabriel, ce prince si généreux, à qui j'ai l'honneur d'appartenir, m'accorda une pension, dont il me permit de jouir où bon me sembleroit.

Alors je suis revenu dans le sein de ma famille & celui de ma patrie, pour tâcher de mériter les mêmes honneurs que sa majesté accorde aux vrais artistes.

Depuis plus de trente ans, je travaille avec cette ambition, espérant qu'après avoir donné des preuves de tout ce que j'avance, sa majesté voudra bien m'accorder les mêmes faveurs.

Je puis assurer à présent, qu'avec toutes les machines que j'ai inventées, & les idées que j'ai conçues pour les faire servir dans tous les arts, je suis à portée de pouvoir faire rester en France plus de huit millions par an qui tombent dans les mains de l'étranger, & d'obliger plus de quarante mille artistes, ainsi que les personnes amies des arts, qui me font tous les jours des reproches de ce que je n'enseigne point mes talens, & que je ne fais aucuns éleves.

On saura que je n'ai encore enseigné qu'à son altesse royale l'infant dom Gabriel. Il n'y a qu'à elle seule à qui j'aie communiqué tous mes talens & mes secrets. J'espere lui communiquer dans peu les découvertes que j'ai faites depuis deux ans. J'ai eu l'honneur de lui envoyer le plan de la machine que j'ai inventée, pour la sûreté des armes à feu, qui a été reçue & approuvée par l'académie des sciences de Paris. Ce prince, toujours attentif à récompenser les arts, vient de me combler de ses bienfaits, malgré ma pension.

On verra dans la feuille de Paris, du lundi 23 octobre 1780, que j'ai annoncé que je me faisois un plaisir de recevoir chez moi toutes les personnes de distinction, ainsi que les artistes. Depuis ce temps-là, messieurs le prince de Beauveau, le maréchal de Noailles, le duc d'Ayen, le comte de Tessé, & madame la duchesse de Chabot, m'ont fait l'honneur de venir voir toutes mes machines, & il peuvent en rendre témoignage. Mais des expériences fatales que j'ai éprouvées dans la suite, par des personnes qui se sont introduites chez moi, sous prétexte de me protéger auprès du roi, & qui n'y venoient réellement que pour copier toutes les machines de mon invention, pour tâcher de faire leur cour à mes dépens, comme on le verra par une lettre écrite par mon épouse à cette occasion (a).

_____

(a) Monsieur,

» Je suis surprise de la façon avec laquelle vous avez reçu m. Pelletier ; cela ne s'accorde guère avec ce que vous m'aviez m'ont obligé de prendre dorénavant des précautions.

---

dit. Un pareil procédé est bien fait pour nous étonner, surtout de votre part. Les torts que vous êtes convenu avec moi avoir vis-à-vis de nous, ont déterminé mon mari à se rendre à votre invitation ; notre bonne foi, trop facile à tromper, nous a égarés ; la franchise, dont nous faisons profession, ne nous permettoit pas de suspecter celle des autres, & sur-tout la vôtre, monsieur. Eh ! qui n'auroit pas mis en vous sa confiance, d'après les offres de service que vous nous avez faits, d'après vos promesses de nous être utile, d'après l'air d'intérêt & d'amitié que vous avez su mettre dans toutes vos démarches vis-à-vis de nous ? Aussi l'aviez-vous toute entiere ; & nous croyions alors que c'étoit à juste titre. m. Pelletier, animé d'une juste reconnoissance, se proposoit de faire contribuer les talens qu'il a reçus de la nature, à l'ornement de votre cabinet. Bien loin de le mettre à-portée de vous rendre ce petit service, il est clair à présent que vous n'avez fait cas de ces mêmes talens, que pour votre propre usage, en effet, après en avoir tiré tout le parti que vous vous étiez proposé, vous avez laissé là l'homme : permettez-moi d'employer vos expressions, vous l'avez laissé là se repaître de la fumée, dont votre propre intérêt l'avoit encensé. Un malade, monsieur, a droit de se plaindre ; & j'estimerois peu mon mari, si sa probité avoit jamais reçu une pareille tache. L'honnête homme doit être son propre juge ; jugez-vous, monsieur, & vous verrez si en nous abusant ainsi, vous n'avez pas compromis votre réputation. Ne vous imaginez pas nous en imposer par votre crédit & vos titres. Ce ne sont ni les honneurs, ni les places qui rendent les hommes respectables, c'est la maniere dont ils savent se comporter, & le bon emploi de leur crédit qui les fait respecter ; ma lettre vous paroîtra dure, mais il est bien plus dur de se voir abuser aussi cruellement par une personne que nous avions droit de regarder comme notre protecteur & notre ami.

A Saint-Germain-en-Laye, ce 30 Décembre ».

Ce sont là des chagrins & des disgraces que les vrais artistes ne devroient jamais éprouver, & auxquels ils ne sont que trop exposés. Je ne puis dissimuler davantage que la simplicité & la facilité que j'ai su mettre dans toutes mes machines, m'impose aujourd'hui la loi prudente de prévenir ces copistes, qui, incapables de créer par eux-mêmes, ne cherchent qu'à enlever au véritable auteur l'hommage consolant auquel un homme à talent peut prétendre dans un siecle & chez un peuple aussi éclairé que celui où nous vivons.

Je n'ambitionne donc que l'honneur & l'avantage de pouvoir démontrer au pied du trône, ou devant les ministres, qui sont aujourd'hui à la tête de l'administration, que la perfection que j'ai su mettre dans toutes mes machines, tant pour l'exactitude, que pour l'exécution, produiroient tous les avantages dont j'ai parlé ci-devant.

Comme l'expérience est la mere de toutes les connoissances, c'est à son tribunal qu'il faut s'en rapporter. Des épreuves réitérées, & exécutées par le vrai zele de l'humanité, m'ont fait découvrir tous les défauts des armes à feu. Cette idée ne m'est venue que d'après le malheur qui arriva à feu m. le comte de Saint-Florentin. Depuis ce temps-là, cette même idée m'avoit resté dans la tête, pendant tout le temps que j'ai voyagé. Lors de mon retour à Paris, le premier accident dont j'entendis parler, fut celui de m. Gerbé, qui subit le même sort que m. le comte de St.-Florentin. Cela me détermina, sur le champ, à faire une machine, qui perfectionnât les armes à feu.

J'y parvins après bien des travaux & des dépenses. Ayant fait l'épreuve de ma nouvelle machine, je jugeai qu'elle pouvoit être présentée à l'académie royale des sciences de Paris, ce que j'ai fait, comme on le verra par l'article premier ci-après.

Dès que cette machine fut reçue à l'académie, j'en fus rendre compte à m. Gerbé. Il me dit ces propres paroles : « Monsieur, que je suis malheureux de ne vous avoir pas connu plutôt ! je n'aurois pas voulu toucher d'armes de ma vie, que vous ne les eussiez vérifiées, & approuvées vous-même ».

Je souhaite qu'aucun de nos princes,

& aucun de tous ceux qui manient les armes, ne soient jamais dans le cas de me faire pareille réponse. S'ils me la faisoient, ce ne seroit pas ma faute.

J'ai fait même avec cette machine des regles d'acier avec des moulures & des équerres. Si par le secours de cette machine je fais des regles aussi exactes, quel ne doit pas être son effet pour perfectionner les canons de fusil?

Mais sans en dire davantage, je passe tout d'un coup à l'explication, tant de cette découverte, que de toutes les autres, dont je suis l'auteur. J'en ferai autant d'articles rangés sous le titre ou division de *partie utile*, & de *partie agréable*. Le tout sera suivi de plusieurs observations importantes sur différens sujets.

# PARTIE UTILE.

## Article Premier,

*Concernant la machine pour faire disparoître l'inégalité d'épaisseur dans les canons de fusil, &c.*

De toutes les causes qui occasionnent les accidens qui arrivent tous les jours aux armes à feu, c'est l'inégalité dans les épaisseurs qui est la plus fréquente, & celle qui est en même-temps la plus dangereuse, puisqu'elle est la moins connue & la moins susceptible de l'être. La raison seule, sans le secours d'aucune étude, suffit pour faire sentir que la force ou la résistance d'une arme à feu ne peut se compter que d'après sa moindre épaisseur. Un peu de réflexion suffira aussi à tout homme sensé, pour juger que l'épaisseur qui se trouve sur un côté plus que sur l'autre, loin de donner de la force au canon, ne sert au contraire qu'à l'affoiblir. Lorsque la poudre dont on l'a chargé entre en expansion, le fluide élastique qui s'en échappe, presse dans tous les sens par son action centrifuge ; son effort se porte donc contre les parois de l'arme, contre la culasse, contre la balle ou la matiere qui fait la charge : le plus foible cede alors, & le projectile est porté au loin.

Le canon du fusil reçoit à l'instant de l'explosion une commotion plus ou moins considérable, en proportion de la quantité & de la qualité de la poudre, & de la résistance du projectile : comme il est lui-même composé d'une matiere plus ou moins élastique, plus ou moins résistible en raison de sa pureté, cette élasticité le rend susceptible de se prêter à une sorte d'extention, sans déranger, sans interrompre la contiguité de ses fibres. Si donc une arme se trouve plus épaisse d'un côté que de l'autre, l'effort du fluide élastique se portant sur tous les points, répercute sur la partie la plus foible, qui se trouve obligée alors de se prêter à une extension aussi considérable qu'auroit dû faire toute la circonférence du tube, s'il eût été cylindrique & d'une égale épaisseur. Ainsi, de cette inégalité dans l'extension de la matiere du canon, il résulte nécessairement : 1°. une courbure dans l'instant de l'élancement du projectile, conséquemment une divergence, un dérangement dans fa portée; 2°. une commotion dans toute l'arme, qui, fe portant fur celui qui la tient, l'incommode beaucoup & fouvent même le bleffe ; 3°. enfin, lorfque la puiffance eft au-deffus de la réfiftance de cette portion de la circonférence de l'arme, il en réfulte la rupture, & les trop fréquens accidens qu'on en éprouve.

D'après cette théorie fi fimple, on peut conclure qu'un canon de fufil qui n'auroit qu'une ligne d'épaiffeur, & qui feroit parfaitement égal, qui partageroit conféquemment l'effort de la poudre dans tous les points de fa circonférence, réfifteroit à une charge plus confidérable, que celui qui ( à qualité égale de matiere ) auroit fur un tiers de fa circonférence une ligne, un quart d'épaiffeur, & deux ou trois lignes fur le refte.

Cette vérité a toujours été trop évidente, pour n'avoir point frappé non-feulement les artiftes, qui ont été fpécialement attachés à la fabrication des armes à feu, & les entrepreneurs de manufactures de ce genre, mais même les amateurs des arts en général. Il étoit cependant d'autant plus intéressant de découvrir un moyen certain de donner une égalité d'épaisseur à tous les points correspondans de la circonférence du tube, que c'est le seul défaut que l'on n'ait pu prévenir, ni pu corriger dans les armes les plus essentielles.

L'art est bien parvenu en effet à former des canons avec la matiere la plus résistible, avec le fer le plus liant, dont les fibres dirigées dans une forme spirale s'opposeroient d'une maniere invincible aux fractures longitudinales, si l'égalité avoit secondé cette admirable façon de souder des canons à rubans; mais cette malheureuse inégalité a toujours été, & est encore un défaut invincible dans les armes les plus cheres & les plus soignées, de maniere que les armes de chasse, destinées au délassement des personnes les plus précieuses & des plus puissans souverains, partagent cet inconvénient avec celle du dernier sauvage.

Pour s'assurer que ce dernier défaut d'inégalité avoit résisté à toute la perfection de l'art, on a coupé transversalement des canons de fusils de toute espece, de toutes les manufactures de tous les pays, même de ceux qui avoient été faits avec le plus de soin, & qui avoient coûté le plus cher, & on n'en a trouvé aucun, ou presqu'aucun, qui n'eût des inégalités du double au simple, & souvent plus; & si quelques-uns ont présenté moins d'inégalités que d'autres, c'est au hasard qu'elle est due, & non à l'art, puisque l'on n'a pas même eu jusqu'à présent aucun moyen certain, ni aucun méchanisme par lequel on pût s'en assurer avec précision.

Frappé de ces inconvéniens, j'ai imaginé & exécuté, comme je l'ai déja annoncé ci-dessus, une machine simple & peu coûteuse, qui en exécutant avec plus de diligence qu'aucun moyen employé jusqu'à présent, rend les canons d'armes à feu de toute espece d'une épaisseur parfaitement égale dans tous leurs points correspondans, & dans la forme desirée, avec la plus grande précision.

Cette machine a non-seulement le mérite d'exécuter dans la derniere perfection, mais on peut aussi par son moyen s'assurer très-promptement & mathématiquement de l'égalité, & conséquemment de la sûreté

des

des canons déja faits, pourvu qu'ils soient isolés, de maniere que les personnes qui auroient des canons exécutés par ce méchanisme, ou même dont on auroit vérifié l'égalité par son moyen, n'auroient plus à redouter que les seuls accidens qui pourroient être occasionnés par leur imprudence.

Il est inutile de dire que cette machine a travaillé à diverses reprises en présence des commissaires de l'académie, à laquelle j'ai eu l'honneur de la présenter. Je vais me contenter de donner un extrait du rapport.

*EXTRAIT des regiſtres de l'académie royale des ſciences, du 3 mai 1780.*

Nous avons examiné, par ordre de l'académie, une machine présentée par m. Pelletier, ingénieur-méchaniste de son altesse royale l'infant dom Gabriel, propre à donner aux canons de fusils une épaisseur uniforme, & que l'on peut appliquer à plusieurs autres usages utiles..... & nous croyons que la machine présentée par m. Pelletier peut produire les effets dont nous venons de parler, de la maniere la plus simple &

la plus sûre, & qu'elle est digne par-là de l'attention & des éloges de l'académie.

M. Pelletier a appliqué la machine que nous venons de décrire, à plusieurs autres usages utiles. Il s'en sert pour refendre toutes sortes de pignons, & elle exécute avec autant de vîtesse & de précision que la machine à refendre, qui est entre les mains de beaucoup d'ouvriers; elle a de plus l'avantage de pouvoir refendre très-droit des pignons, quand bien même ils auroient un pied de long. Il s'en sert aussi pour pousser des moulures & des cannelures dans différentes pieces de serrurerie.

Nous remarquerons en passant, que m. Pelletier fait usage d'une machine fort simple pour tailler les fraises qu'il emploie..... nous lui avons vu faire avec beaucoup de justesse & de célérité des fraises d'une dentelure considérable.

Une des pieces de la machine dont il est toujours question, sert aussi à m. Pelletier pour polir les ressorts de pendule.

Toutes ces machines montrent beaucoup d'invention dans m. Pelletier; on ne peut trop l'encourager à suivre son goût pour les méchaniques, & sur-tout à faire usage de son talent pour l'utilité publique.

Ce 3 mai 1780. Signé, *le chevalier de* BORDA, *l'abbé* BOSSUT *&* COUSIN.

*Je certifie le présent extrait conforme à l'original & au jugement de l'académie, ce 3 mai 1780. Signé, le marquis de* CONDORCET, *secrétaire perpétuel.*

J'ai cherché les moyens de faire servir la machine que j'ai inventée, pour perfectionner les canons de fusil, à faire des pignons, des regles, des moulures, sans se servir de limes. L'on pourroit faire plusieurs autres ouvrages par le même principe. Cela peut enlever aux étrangers un commerce de limes considérable, & faire rester en France tous les fonds dont ce commerce la prive. Si chaque citoyen pensoit comme moi, en se donnant un peu de peine, nous ôterions en peu de temps aux anglois la réputation qu'ils se sont acquise depuis si long-temps de travailler mieux que nous les ouvrages de fer & d'acier, & l'on n'entendroit plus dire dans la suite, que nous ne pouvons les égaler.

Jusqu'à préfent, il eft vrai, ils ont eu cette fupériorité. Il faut leur rendre juftice. Ils encouragent beaucoup leurs artiftes. Mais notre augufte fouverain, jaloux de récompenfer les talens de fes fujets, fera bientôt tomber ce préjugé.

### Article II.

*Concernant la maniere de forger les canons de fufil avec plus de perfection.*

Dans la feuille du journal de Paris, du jeudi 11 octobre 1781, n°. 284, j'ai fait annoncer qu'il feroit forgé à Paris, chez m. Defchamps, canonnier, rue Aumaire, près Saint-Nicolas-des-Champs, deux canons de fufil en ma préfence, & que je me ferai un plaifir d'en forger un moi-même l'après midi, en préfence de tous les amateurs qui voudroient s'y trouver. Je l'ai exécuté, & ce n'étoit que pour être en état de donner des preuves de tout ce que je me propofe d'inférer dans ce mémoire.

J'ai fait annoncer dans cette même feuille, que je ferois mêlanger le charbon de terre; ce n'a été que pour lui enlever la partie des corps étrangers, laquelle rend le fer aigre, dégré d'imperfection que les canons ne devroient pas avoir, & que l'on pourroit corriger dans la suite, si l'on suivoit mes idées.

Je n'ai parlé de la partie de la forge que d'après des expériences faites par moi-même; je la connois parfaitement. Je crois même que quand je dirois que j'ai forgé plus d'un million pesant de fer & d'acier de tous les pays, je n'exagerois pas. J'ai forgé à Paris l'espace de douze ans; en Allemagne & en Espagne, l'espace de huit ans, avec son altesse royale l'infant dom Gabriel. Je ne forgeois en Espagne que du fer de Biscaye. Ce fer est si doux, qu'on le forge à froid.

Il eût été très-nécessaire à l'auteur du livre intitulé : *Essai sur la Chasse au fusil*, d'avoir connu à fond, comme moi, la partie ferrugineuse, & les corps étrangers qui s'y rencontrent. Nos canoniers de France, selon lui, n'ont pas encore trouvé le dégré de chaleur qu'il falloit donner au fer d'Espagne pour l'employer. Si cet auteur eût forgé autant que moi, il eût peut-être trouvé ce degré; & l'humanité l'auroit engagé à l'enseigner à ces canoniers, comme je l'ai fait : car la partie des armes à feu ne peut jamais trop exiger d'attention, puisqu'elle intéresse la vie de nos semblables. Il falloit qu'il se donnât, comme moi, un peu plus de peine; il auroit trouvé cet homme intelligent, qui ne doit pas se rebuter de chercher ce que d'autres ont tenté inutilement. Toujours l'événement prouve que, pour trouver, il faut chercher ; c'est ce j'ai fait. Souvent même on trouve ce qu'on ne cherche pas.

Cela m'est arrivé en lisant l'*Essai sur la Chasse au fusil*, où j'ai trouvé l'article du mémoire que j'ai présenté à l'académie royale des sciences de Paris, au sujet de la machine de mon invention pour la perfection des canons de fusil. L'auteur dit qu'il ne la connoît pas. Il est vrai, car il ne l'a jamais vue. Depuis qu'elle a été approuvée par l'académie des sciences, je l'ai perfectionnée pour la diligence. Quant au dégré de perfection pour la justesse, il est le même.

Je suis charmé que mon mémoire ait donné de l'émulation à notre auteur, & qu'il l'ait mis dans le cas de consulter tous les anciens livres, comme si ceux qui les ont écrits avoient, en mourant, fermé la porte des arts. Il devoit se contenter de rajeunir les idées des autres, & de se les approprier, sans avancer dans son livre, que j'ai cherché les moyens de me rehausser pour faire valoir mon invention. Il a tort; car je n'ai d'autre projet, que d'être utile à l'humanité & au bien de l'état. Si j'ai dit dans mon mémoire, que les personnes les plus précieuses, & les plus puissans souverains partageoient l'inconvénient de la mauvaise fabrication des armes avec le dernier sauvage, c'est que je suis en état de le prouver. Ce n'est point sur le papier qu'il faut travailler; c'est sur l'enclume qu'il faut forger *(b)*.

---

*(b)* L'auteur de l'*Essai sur la Chasse au fusil* dit, page 20 de cet ouvrage, qu'il est très-essentiel pour la solidité d'un canon, qu'il soit *par-tout égal de fer*, c'est-à-dire, qu'il ne s'y trouve pas plus d'épaisseur d'un côté que de l'autre.

Le même auteur observe, p. 54 & 55, que lorsqu'un canon vient à crever, c'est par un défaut de fabrication, **qui provient de ce que, faute de soin & d'attention en le limant,** *il se trouve beaucoup plus d'épaisseur d'un côté que de l'autre.* Ce défaut, dit-il, est le plus ordinaire, & c'est le plus dangereux.

Ainsi l'auteur est très-persuadé que le défaut le plus radical d'un canon de fusil, la cause qui le fait crever le plus souvent, est l'inégalité d'épaisseur. Si cela est, comme on n'en peut douter, il n'en faut donc pas davantage pour établir l'extrême utilité de la machine que j'ai inventée, & dont

Il se sert du terme *exagérer* pour donner à connoître aux amateurs que l'épaisseur

l'effet, selon le jugement porté par mm. de l'académie des sciences, est de réduire les canons à la plus parfaite égalité.

D'après cela, ne doit-il pas sembler étrange que le même auteur, qui insiste si fort sur l'inégalité de l'épaisseur des canons de fusils, cherche en même-tems, par la note qu'il a insérée dans son ouvrage, page 28, à vouloir faire regarder comme indifférente la machine que j'ai inventée, dont l'effet est de detruire cette inégalité?

N'est-il pas aussi bien étonnant que ce même auteur, par une contradiction choquante & palpable, décide que cette inégalité des canons n'est point importante, après néanmoins qu'il a observé qu'elle est *très-essentielle & très-dangereuse*? Ce sont ses propres expressions. Avant de critiquer, aussi amèrement qu'il l'a fait, l'inventeur d'une machine à laquelle il est forcé lui-même d'applaudir, qu'il apprenne du moins à raisonner conséquemment, & à être d'accord avec lui-même.

J'ajouterai qu'il avoue que le compas d'épaisseur dont on se sert ordinairement pour remédier à l'inégalité des canons de fusil, ne produit cet effet qu'imparfaitement.

Il convient aussi que la méthode employée par le sieur Leclerc, est également imparfaite, & il se permet même de lui donner à cet égard des conseils.

D'après cela, il est donc évident que la machine de mon invention devroit mériter ses suffrages, puisqu'elle remplit parfaitement l'objet auquel je l'ai destinée, c'est-à-dire, qu'elle procure l'égalité géométrique des canons de fusil.

Au reste, l'auteur de l'*Essai* à tort de m'accuser d'avoir voulu rehausser le mérite de mon invention. Je n'ai fait, par mon mémoire, que ce qu'il a fait lui-même. J'ai exposé, j'ai fait sentir des inconvéniens réels, ceux qui résultent de l'inégalité d'épaisseur des canons, inconvéniens qu'il n'a pas relevé avec moins de force que moi. Mon jugement doit être, à cet égard, d'autant moins suspect, que je suis partie désintéressée. Ma profession n'est pas d'être canonier; & s'il m'arrive de faire fabriquer quelques canons, ce n'est que pour obliger des personnes que je ne puis refuser, ou pour ma satisfaction particuliere.

de deux fols marqués de fer d'un côté plus que de l'autre, produit une trop légere différence pour mériter attention. Je vois bien à fes difcours qu'il ne connoît pas à fond la partie de la baliftique; ce qui eft la partie la plus effentielle, puifqu'elle fert à la défenfe de l'état. S'il l'eût connue comme moi, il nous auroit parlé des deux lignes courbes que la balle décrit dans fa courfe, dont l'une fe fait par la pefanteur de la balle, & l'autre par la force de l'air.

J'ai trouvé en effet que la balle décrivoit ces deux lignes. J'ai fait cette découverte avec trois feuilles de papier; & je prouverai que le plomb produit le même effet.

Je fus reçu par brevet du feu roi Louis XV chevalier de la compagnie royale de l'arquebufe de Paris en 1760. Le grand exercice que j'ai fait, joint à mon étude, m'a donné des connoiffances fuffifantes pour être certain de ce que j'avance. Je ne m'étendrai point davantage fur cette partie. Le détail en feroit trop long.

Me voici donc cité dans deux ouvrages,

savoir; l'*Essai sur la Chasse au fusil*, & les *Récréations mathématiques*. Quant à ce dernier, le public a cru que ce livre avoit été fait par moi; & qu'après avoir exposé mes expériences, je voulois vendre mes secrets; il s'est trompé. Ce livre a été fait pendant mon séjour en Espagne. Je ne veux rien relever quant à la partie de l'agréable, quoique l'auteur ait supposé à mes ouvrages des formes qu'ils n'avoient pas. D'ailleurs, comment pouvoit-il donner les véritables? Il ne les a jamais vues.

Il auroit été à souhaiter pour le public que ces deux auteurs m'eussent consulté auparavant; ils auroient rendu leurs ouvrages plus intéressans, & auroient présenté des détails plus exacts, qui n'eussent pas induit en erreur les personnes qui ont été leurs lecteurs.

J'ajouterai que j'ai vu faire à la cour d'Espagne l'épreuve la plus forte que l'on puisse exiger pour les canons de fusil, par le sieur Segara, arquebusier du roi. Cet artiste a forgé dans le palais de son altesse royale dom Gabriel, un canon de fusil de chasse. Après l'avoir fini & limé, il l'avoit taraudé par les deux bouts, & y avoit ajusté deux culasses. Son altesse royale, après l'avoir chargé elle-même à double charge de poudre & de plomb, l'on remit l'autre culasse pour éprouver si le canon creveroit. J'y mis le feu moi-même. Le canon a renflé par le petit bout, & la culasse a sorti, sans que le canon ait crevé. Voilà, selon moi, l'épreuve la plus forte que l'on puisse desirer.

L'on pourroit rendre nos canons aussi bons, si on vouloit, parce que notre fer de Berry est aussi doux que le fer d'Espagne. J'en ai employé quelques milliers, & je puis assurer que cela ne dépend que des parties sulfureuses qui se trouvent dans le charbon de terre ; ce qui rend le fer aigre, malgré toutes les précautions que l'on peut prendre. L'Angleterre ne se sert que du fer de Biscaye ; & dès qu'il est trempé, il devient comme l'acier. L'on pourroit donc suppléer à ce défaut, en se servant du charbon de racine de chêne verd. L'on fait bien venir tant de choses inutiles pour la frivolité ; pourquoi ne feroit-on pas venir de ce charbon, sur-tout pour forger les canons de fusil ?

J'ai chez moi tout ce qu'un amateur

peut desirer tant pour la chasse que pour l'arquebuse, en armes & en instrumens nouveaux.

## Article III.

*Concernant les canons d'artillerie.*

L'usage général de l'artillerie est d'instruire les canoniers à pointer leurs canons par des regles qui varient infailliblement, parce que chaque canon a son défaut, malgré toutes les précautions qu'on peut prendre en le faisant; les uns portent haut, les autres bas; ceux-ci à droite, ceux-là à gauche. L'épreuve de chaque canon coûte considérablement au roi, soit pour instruire les canoniers, soit pour leur apprendre à connoître la véritable portée. Il est constant d'ailleurs, qu'un canonier qui manie avec dextérité le canon dont il a coutume de se servir, se trouve très-embarrassé dans le service d'un nouveau canon qu'il ne connoît pas.

J'ai inventé un instrument, par lequel tout canonier parvient, du premier coup, à pointer un canon, quel qu'il soit. Un seul canon, moyennant l'instrument dont il s'agit, suffira pour instruire, en très-peu de tems, vingt ou trente canoniers ; ce qui épargneroit beaucoup de poudre, de boulets, & de tems. Tous les canoniers seroient en état de se servir utilement du premier canon qu'on leur présenteroit, & donneroient dans le point qu'ils ont pour objet ; ce qui est d'une utilité très-importante dans le cas d'un siege, où cinquante coups de canons pointés à propos, ouvriroient la breche plus promptement que cinq cens coups donnés à droite & à gauche. Ceux qui connoissent combien les momens sont précieux dans ces circonstances, connoîtroient aussi l'utilité de cette idée. J'espere que mm. les ingénieurs approuveront cet instrument, qui aide à l'instruction des canonniers ; il a été dirigé d'après une infinité d'expériences, faites sur les effets de la poudre, dont j'ai acquis une profonde connoissance.

Pour se servir utilement de l'instrument que je propose, il ne seroit pas nécessaire de réformer les canons qui servent actuellement dans l'artillerie, ni faire le moindre radoub. Les frais de l'instrument ne seront d'aucune considération. Je ferai le premier moi-même, & pour que sa majesté demeure satisfaite de son utilité, je ne demande qu'un peu de poudre & quelques boulets, pour faire des expériences sous les yeux de mm. les commandans de l'artillerie, qui verront qu'un canonnier novice appointera plus facilement son canon, avec cet instrument dans huit jours de temps, que non pas dans un mois avec l'usage ordinaire : je donnerai aussi une idée pour charger les canons, qui diminuera les frottemens du boulet, & par conséquent, rendra les canons plus durables.

## Article IV.

*Concernant une nouvelle maniere d'appliquer les platines de fusil.*

J'ai inventé un ressort particulier, pour tenir la platine des fusils, qui épargne les vis qui la soutiennent aux fusils ordinaires; par le moyen de ce ressort, la platine se sépare du canon & du bois, dans l'espace d'une seconde, & par un simple mouvement du pouce. Le canon se démonte avec la même facilité, ce qui épargne au soldat un temps considérable, & lui facilite le moyen de tenir son fusil toujours propre. La platine pouvant se séparer avec tant d'aisance, tout soldat, en temps de marche, peut la mettre dans sa poche, pour la garantir de l'eau & de la rouille. Cette découverte peut devenir d'une grande utilité dans le cas où une troupe de soldats se trouveroit réduite à abandonner les armes pour sauver leur vie par la fuite. Ces armes, qu'on aura ainsi abandonnées, ne seront point funestes entre les mains de l'ennemi, puisqu'on leur aura ôté la faculté de nuire, en emportant la platine, en même-temps qu'on abandonne le fusil.

Je présentai un fusil de cette espece à S. A. R. l'infant dom Gabriel, il y a six ans. Cette invention fut approuvée par le sieur Ségarra, arquebusier de sa majesté, qui, l'ayant trouvée aussi commode que solide, demanda à S. M. qu'il lui prêtât le fusil, pour en exécuter d'autres sur ce même modele; & depuis ce tems-là, j'ai travaillé à en rendre le méchanisme plus simple, & moins dispendieux. Les fusils dont les troupes de S. M. se servent actuellement, peuvent recevoir cette nouvelle perfection, moyennant un radoub, qui n'est pas cher; & si on ne jugeoit point à propos d'adapter ce méchanisme aux fufils qui exiſtent dans les arſenaux, S. M. pourroit faire conſtruire à l'avenir tous les nouveaux fufils fur le modele de celui que je préſenterois ; & dans le cas où S. M. adopteroit cette nouvelle conſtruction, je donnerois aux armuriers des machines qui contribueroient beaucoup à la célérité & à la perfection de l'ouvrage.

## ARTICLE V.

### Concernant le magnétiſme.

J'ai donné à croire autrefois que je n'avois aucune connoiſſance dans la partie magnétique ; des raiſons ſecretes dans la partie de l'agréable en étoient la cauſe. Mais l'on ſaura que j'ai conſommé plus de trois années entieres dans l'étude de cette partie ſeule, pour trouver les phénomenes que l'on pourroit en tirer, tant pour les arts, que pour le ſoulagement de certaines infirmités du corps. D'après les converſations que j'ai eues avec pluſieurs médecins & phyſiciens, j'ai connu que ſi l'on faiſoit un charriot magnétique tel que je l'ai propoſé, l'on pourroit procurer beaucoup de ſoulagement à des perſonnes qui ſeroient attaquées des maladies

de

de nerfs & des coliques néphrétiques, ainsi que d'autres maladies, telles que celles de lait & des dents. Cette vertu magnétique a été approuvée par l'académie; & m. l'abbé Nollet faisoit faire lui-même des barres aimantées, qu'il distribuoit pour les dents & les tremblemens, ainsi que le fait à présent m. l'abbé le Noble. Mais comme depuis ce tems-là on a fait la découverte de la partie ferrugineuse qui se trouve dans le sang, & qu'on a trouvé jusqu'à quatre onces de fer dans quarante livres de sang, cela doit donner des preuves que la vertu magnétique pourroit avoir des effets surprenans sur le corps humain, si on l'employoit.

D'après cela, j'ai réfléchi & j'ai pensé que si on exécutoit le charriot magnétique pour donner des frictions, par les moyens que j'ai développés aux gens de l'art, on pourroit rendre plus active la circulation du sang. Je crois même que cette expérience deviendroit plus utile que l'électricité, qui, quelquefois, selon mon avis, fait plus de mal que de bien, par la commotion qu'elle cause. J'ai proposé à plusieurs médecins, que s'ils vouloient s'assembler, je me ferois un plaisir de leur donner toutes mes idées sur la partie magnétique, & même que s'il n'y avoit pas d'artistes pour l'exécution, je l'exécuterois moi-même. J'ose me flatter que je n'ai besoin de personne pour exécuter tous les articles que j'annonce. J'observerai que si l'on donnoit de ces frictions à des personnes attaquées de la goutte, cela pourroit les soulager, & peut-être la détourner. D'ailleurs, si cette expérience ne pouvoit faire du bien dans certaines maladies, l'on pourroit du moins être assuré qu'elle ne feroit pas de mal.

On pourroit l'appliquer à des enfans de six mois, sans danger, d'où résulteroit un soulagement considerable pour le mal dont ils sont le plus attaqués, celui des dents. J'en ai vu moi-même des effets surprenans à des dames à qui j'avois prêté un petit aimant, que je m'étois amusé à faire pour les maladies de nerfs, & d'autres à qui j'ai prêté des barres magnétiques pour les douleurs de dents. Mais j'observerai que cela n'a d'effet sur les dents, que quand la douleur est causée par les parties glaireuses qui passent dans les nerfs.

L'on a vu chez moi, en 1768, un aimant artificiel que j'ai fait, qui avoit cent cinquante petites barres, qui portoient, chacune séparée, une livre; étant toutes montées ensemble, elles portoient cent cinquante. J'avois aimanté toutes ces barres avec un rapporteur que je m'étois fait pour ne pas donner plus de force à l'une qu'à l'autre, parce que je m'étois apperçu que deux barres aimantées étant d'une force inégale, la plus forte faisoit perdre la vertu de la plus foible, sans en être augmentée; & qu'après être séparées, la plus foible ne portoit plus le même poids qu'auparavant. Cet aimant est dans le cabinet de son altesse royale l'infant dom Gabriel.

Je n'entreprendrai pas d'en dire davantage sur cet article; cela me conduiroit trop loin. Il me suffira d'ajouter que j'ai une boussole de quinze pouces, à laquelle j'ai fait trente-trois aiguilles pour en avoir une à ma fantaisie, depuis le poids de dix livres, jusqu'à deux grains. C'étoit pour découvrir la raison pourquoi toutes les aiguilles varioient entre elles. J'ai voulu savoir si toutes celles faites par les plus habiles artistes, posées toutes sur le même pivot, avoient de semblables variations. J'ai reconnu qu'elles les avoient, &

en ai trouvé la cause. Elle procédoit de la partie des corps étrangers qui se trouvent dans l'acier. J'ai chez moi cette boussole, à laquelle j'ai mis deux aiguilles, dont l'une marque le nord ordinaire, & l'autre le nord vrai.

Je dirai aussi que je me suis amusé à faire une aiguille qui a quatre poles, dont les deux bouts sont nord à la fois, & les deux mêmes bouts sont sud en même-tems, sans y toucher. Si j'enseignois comment cela s'opere, on ne manqueroit pas de me dire ce que l'on disoit à Christophe Colomb, lorsqu'il eut cassé la pointe de l'œuf pour le faire tenir en équilibre : Cela est bien aisé. Mais je répondrois à mon tour, ce que répondit ce célebre navigateur : « Pourquoi ne vous en avisiez-vous pas » ? J'observerai au reste, que si Colomb eût mieux connu les causes physiques, il auroit fait tenir l'œuf en équilibre. même sur une glace, sans le casser, ainsi que je l'opere.

Je repete que si l'on vouloit faire les expériences magnétiques que j'indique, je me ferois un plaisir de développer tout ce que ma propre expérience m'a appris,

& je le ferois fans déguifement, loin d'imiter en cela le fieur Mefmer, qui a probablement beaucoup d'obligation à la vertu magnétique, quoiqu'il n'en convienne pas.

Si l'on defiroit établir dans un cabinet un aimant qui enlevât jufqu'à mille & deux mille livres, je prouverois qu'il eft poffible de le faire, & même encore plus; parce que le principe avec lequel j'aimante, n'eft pas ordinaire. J'y parviens par l'effet d'une machine que j'ai inventée, avec laquelle on ne peut pas donner une ligne de courfe une fois plus que l'autre, & qui regle parfaitement le nombre des courfes, par le moyen d'un timbre, qui m'avertit quand j'ai donné le nombre que j'ai déterminé.

## ARTICLE VI.

*Concernant une romaine de nouvelle invention.*

Ayant obfervé que les romaines à reffort que l'on avoit imaginées depuis quelque tems, n'étoient pas juftes, parce que les refforts varioient à chaque inftant du froid au chaud, ce qui eft un défaut effentiel pour la juftefle, j'en imaginai une autre d'une structure particuliere. J'en ai supprimé les ressorts. Le pivot de cette romaine est posé sur six roues, pour en éviter les frottemens. Par le moyen d'une double aiguille, cette romaine marque le poids juste, & n'est sujette à aucune variation. J'en ai fait deux en Espagne pour sa majesté, dont l'une marquoit les poids jusqu'à 600 liv., & l'autre jusqu'à 30 liv. Elle marquoit les demi-livres, les onces & quarts-d'once. Cette Romaine seroit d'une grande utilité pour peser les lettres & paquets de la poste, & procureroit beaucoup d'accélération dans le service, en dispensant de mettre des poids dans une balance, & de les ôter à chaque lettre ou paquet. J'en ai une chez moi pareille à celles que j'ai faites pour sa majesté.

## Article VII.

*Concernant une pendule pour marquer les tems de la musique.*

Un ouvrage qui mérite d'être distingué parmi ceux que j'ai inventés & exécutés, à cause du méchanisme qui le compose, est une pendule, sur laquelle les artistes les plus habiles ont travaillé long-tems inutilement. Les curieux ont demandé un inftrument qui marquât les mefures de la mufique; & comme cet art varie à l'infini, les artiftes ont jugé qu'il étoit impoffible de fatisfaire la curiofité à cet égard. Je puis me flatter que j'ai trouvé le calcul & le méchanifme de cette excellente piece. Cette pendule feroit d'un grand fecours à quiconque voudroit apprendre la mufique. En la montant à la mefure que le maître auroit donnée, le difciple joueroit, en fon abfence, fans manquer ni tems, ni foupir; & une piece de mufique adaptée à la mefure de cet inftrument, pourroit être exécutée à Londres avec la même précifion qu'à Paris, parce qu'on fauroit à point fixe le nombre des tems qui font marqués dans une minute, ou dans une feconde, au lieu qu'une piece de mufique qui a plu dans une orcheftre, ne fait pas le même effet dans une autre, faute de fuivre exactement la même mefure. C'eft aux muficiens à fentir & expliquer les avantages de la nouvelle pendule. L'auteur fe contente d'en indiquer l'ufage, parce que les bornes de ce mémoire ne permettent point un plus long détail.

# Article VIII.

*Concernant une machine organisée, ou flûteur.*

On sait dans le monde que j'ai exécuté un flûteur organisé, qui est placé dans la galerie de S. A. R. l'infant dom Louis. Après l'exécution de cet automate, j'en ai entrepris un autre, dont le méchanisme est plus varié. C'est un joueur de tambourin à la provençale. Il doit jouer du flûtet d'une main, & toucher du tambourin de l'autre. Cette piece a coûté des dépenses considérables à l'auteur, & il n'y manque plus que la derniere main.

# Article IX.

*Concernant une machine organisée.*

Cette machine acoustique exécute les symphonies les plus brillantes, & les partitions les plus difficiles. Elle mérita les suffrages de l'illustre Rameau, qui vivoit encore lorsque je la formai. La décoration extérieure a été faite par les plus habiles artistes, tant pour la sculpture que pour la dorure, & elle m'a coûté plus de 15000 liv. Quoique le jeu de cette piece s'opere par le seul méchanisme qui la constitue, elle peut être touchée comme un clavessin. Elle est dans mon cabinet, où je ne la conserve qu'avec le dessein de m'en défaire, eu égard à la somme considérable qu'elle m'a coûté.

## ARTICLE X.

*Concernant le poli des métaux, spécialement du fer & de l'acier.*

Si je me suis déterminé à faire une composition pour le poli de l'acier & autres métaux, ce n'est point dans des vues d'intérêt. Ce n'est qu'à la sollicitation des artistes, que je me suis occupé de cet objet. En voyant les effets de ma composition, ils ont compris qu'elle donneroit à leurs ouvrages le même degré de perfection que les Anglois donnent aux leurs; ce qui leur procure un commerce bien étendu, qu'il est essentiel, pour le bien de l'état, de leur enlever.

## Article XI.

*Concernant plusieurs machines pour corriger les défauts des pendules à ressort, & perfectionner l'horlogerie.*

Dans la gazette de France, année 1780, l'académie de Geneve a proposé un prix pour celui qui trouveroit quelques machines d'une grande utilité pour les arts qui y sont le plus cultivés, tels que l'horlogerie, &c. Dès le même instant que je vis cette annonce, je tâchai de trouver une machine propre à abréger les calculs & les forces qu'on est obligé d'employer pour la perfection des ressorts des pendules, & autres.

J'ai découvert que les pendules varioient, parce que les ressorts n'étoient pas finis avec le degré de perfection nécessaire; cela dépendoit de n'être pas suffisamment poli. Comme ce travail est fort long & fort pénible, que deux hommes des plus robustes ont beaucoup de peine à le faire, j'imaginai une machine, avec laquelle un homme seul peut polir les ressorts plus promptement & plus parfaitement.

Les ressorts étant mieux finis par le secours de cette machine, auroient moins de variations. Il en résulteroit aussi que l'on ne seroit plus dans la nécessité de tirer des ressorts de l'étranger, & que nous mettrions nos voisins dans le cas d'en tirer de nous ; avantage considérable pour le commerce.

J'ai inventé & exécuté une autre machine, qui est une plate-forme de proportion. Par le moyen de cet instrument, l'on peut trouver dans l'instant, sans calcul, le diametre d'une roue que l'on voudroit faire sur un pignon qui seroit fait & fini, ainsi que le nombre des dents qu'on voudroit donner ; au lieu que par les principes ordinaires, l'on n'est pas sûr de son fait, & l'on est obligé de recommencer à couper les dents d'une roue, si elle se trouve trop grande, ou d'en faire une autre, si elle est trop petite.

Avec ce même instrument, l'on peut trouver, dans l'instant, la grandeur & la la grosseur des dents d'une roue, ou d'un rapporteur que l'on voudroit faire ; ce qui épargneroit de longs calculs, & bien du temps.

Enfin, par le secours de ma machine à perfectionner les canons de fusil dont j'ai parlé ci-devant, je refends des pignons de fer & d'acier de telle grosseur & largeur que ce soit, quand bien même ils auroient trois ou quatre pieds de long. Ma machine les refend droit à la regle, avec quatre fois moins de tems, que par les principes ordinaires, & sans le secours d'aucune lime. L'ouvrier le moins entendu & le moins fort, peut exécuter ces pignons avec la derniere précision ; avantages infiniment précieux pour les méchaniques en général.

Par le secours de la même machine, on pourroit faire des vis pour l'usage des hôtels des monnoies, & des vis pour l'impression.

## Article XII.

*Concernant l'hydraulique.*

Dans l'Avant-coureur de 1760, ainsi que dans plusieurs autres feuilles périodiques, l'on a annoncé le nouveau piston élastique que j'ai inventé. Ce piston est à ressort, & se prête à toutes les inégalités du corps de la pompe ; ce qui rend le frottement du piston presqu'insensible. Les autres n'ont pas cet avantage.

J'ai fait une pompe de cette invention à m. le marquis de Matarel, à Montigny. Cette pompe élevoit l'eau jusqu'à cent quatre-vingt pieds de hauteur, & étoit mise en mouvement par un enfant de douze ans. La structure en étoit si solide, qu'elle n'entraînoit aucune réparation. On en exécute une actuellement à la brasserie royale de Versailles, d'après mes principes, & sous ma direction. On la verra à Paris, à mon dépôt, dans le courant de janvier 1783.

## Article XIII.

*Concernant les pilotis.*

En Espagne, m. de Grimaldi, ministre d'état, en 1775, lorsqu'on construisoit le pont d'Aranjuez, me proposa de chercher un moyen pour diminuer le travail des hommes employés à faire agir le mouton pour l'enfoncement des pilotis. Comme ce travail est très-pénible, qu'il est même dangereux par les secousses qu'il occasionne aux travailleurs, je sentis la nécessité de trouver un moyen plus expédient. J'imaginai un nouveau mouton. J'en fis voir le modele à m. de Grimaldy. Dès qu'il l'eut vu, il le préfenta au roi, qui fit donner des ordres pour que je le fiffe exécuter à l'inftant; ce qui fut fait dans l'efpace d'une femaine. J'ai fait entrer avec ce mouton, par le moyen d'une mule, & d'un enfant qui la conduifoit, une piece de bois de vingt-quatre pieds de long fur un pied quarré dans l'efpace de huit heures, ce que n'euffent pu faire vingt hommes dans trois jours.

Cette expérience fe fit en préfence du roi, & de toute fa cour. M. le marquis d'Offun, miniftre de France, alors ambaffadeur en Efpagne, fous les yeux duquel elle fut auffi faite, peut en rendre témoignage. Sa majefté daigna me marquer fa fatisfaction à ce fujet, par un préfent que j'en reçus.

Le mouton dont il s'agit, peut fervir pour des alignemens de rivieres, les ponts & chauffées, dans les ports de mer, & toutes les opérations où le fecours du mouton eft néceffaire. Le modele en eft dans mon cabinet.

# Article XIV.

*Concernant un instrument de géographie.*

Cet instrument est si commode, qu'un jeune homme le moins instruit, pourroit, avec son secours, lever seul le plan d'une ville, d'une forêt, ou mesurer l'étendue d'un chemin, & faire, en très-peu de tems, une opération que huit hommes, par les principes ordinaires, ne feroient pas dans un tems beaucoup plus considérable. Cet instrument abrege les opérations de calcul, souvent fautif par l'inexactitude du toisage. Il est plus sûr que le compas de m. Bion. J'en ai fait un en 1762, à m. Lerouge, géographe du roi. Mais le dernier que j'ai imaginé, & dont la gravure est dans mon cabinet, a beaucoup plus de perfection. Il a l'avantage de marquer les angles & les hauteurs. Il a reçu l'approbation de plusieurs ingénieurs célebres, qui desireroient que je le fisse exécuter. Mais je n'ai pu les satisfaire, eu égard aux trop grandes dépenses que mon goût pour les arts m'occasionne journellement.

# Article XV.

*Concernant un lit méchanique.*

J'ai inventé un lit méchanique très-commode pour toutes sortes de personnes malades, & en particulier pour les femmes en couche. Ce lit procure le moyen de mettre le malade dans toutes les attitudes convenables à son état, sans qu'il soit besoin de le soulever par le secours des bras, ni de le découvrir.

Ce lit a été approuvé par mm. Brunel, Rigoety & Saubranne, médecins & accoucheurs en la cour d'Espagne. Il donne la commodité de pouvoir lire & écrire facilement sans se lever. Une dame peut s'y faire coëffer; elle peut y manger, sans prendre l'air. Enfin, j'ose assurer que ce lit procure des agrémens & des commodités sans nombre. J'en ai fait deux en Espagne. L'on en verra un modele dans mon cabinet

## ARTICLE XVI.

*Concernant une plate-forme, & divers outils.*

Pour exécuter toutes les diverses machines que j'ai inventées & que j'invente, je me suis fait une grande plate-forme, avec toutes les regles & les outils nécessaires pour la précision & la célérité. Toutes les divisions de cette plate-forme sont percées à jour, pour lui donner plus de fixité. Je ne parle pas de tous les autres outils qui dépendent de cette plate-forme, & qui sont considérables. Cette piece importante m'a coûté les plus grandes peines, & je la crois digne de l'estime de tous les connoisseurs.

J'ai imaginé un autre outil pour tailler les fraises que j'emploie. Il accélere infiniment l'ouvrage; & par son moyen, un enfant peut tailler une fraise avec plus de vîtesse & de justesse, que le plus habile horloger ne pourroit le faire à la main en six fois plus de tems. Cette piece est aussi dans mon cabinet.

## Article XVII.

*Concernant l'optique.*

Je m'occupe, en ce moment, à me faire un télescope de cinq pieds de longueur, & j'essaie de faire les miroirs en acier, poli avec ma composition. J'avouerai que j'éprouve de grandes difficultés pour y réussir, par les défauts que je rencontre dans l'acier; quoiqu'il soit d'Angleterre, & que je me sois appliqué singuliérement à le bien choisir. Ces défauts font, que quand on trempe les miroirs, ils se fendent, ou se voilent, qu'il s'y trouve des taches d'ondulation. Ces sortes de défauts ne se déclarent qu'à la fin de l'ouvrage; ce qui ne laisse pas de rebuter. Après avoir travaillé sur un grand miroir l'espace d'un mois, j'éprouvai cette disgrace.

Malgré cela, il seroit du plus grand avantage pour la perfection des télescopes, qu'ils fussent d'acier, au lieu de métal de composition, par la raison que ceux de cette derniere espece rendent les objets teints, & d'une couleur fausse, au lieu que les miroirs d'acier les rendent tels qu'ils sont.

J'ai fait, avec succès, plusieurs miroirs d'acier d'une moyenne étendue, concaves & convexes. Ils sont polis avec ma composition, & je puis me flatter que j'ai atteint le dernier degré de la perfection en ce genre. Je les ai faits pour mon utilité & mon agrément particulier. Ils produisent l'effet du microscope.

## Article XVIII.

*Concernant un nouvel outil propre à fendre les vis.*

Si cet outil a quelque mérite, c'est par sa simplicité. La maniere ordinaire consiste à fendre les vis à force de limes ; ce qui consomme une grande quantité de ces outils, donne beaucoup de peine aux ouvriers, & ne rend qu'un travail imparfait. La propriété du nouvel outil de mon invention est de fendre la vis sans aucun effort, sans aucunes limes, & de rendre la fente parfaitement quarrée dans le fond.

## Article XIX<sup>e</sup> et dernier,

*Concernant des compas de proportion, pour reconnoître les défauts des flûtes traversières.*

J'ai remarqué que les flûtes traversieres faites par les plus habiles artistes, avoient toutes des défauts d'unisson, & je l'éprouvai sur ma flûte, faite par M. Loth en Espagne, que j'ai été obligé de rectifier pour rendre parfait le flûteur organisé dont j'ai parlé plus haut. Je reconnus qu'il étoit presqu'impossible de faire aucunes flûtes justes; que si elles le paroissoient, c'étoit l'habileté seule du musicien qui faisoit disparoître le défaut.

Cela m'a mis dans le cas de faire plusieurs compas de vérification, à l'aide desquels on est en état de constater les défauts des instrumens à vent: Ces instrumens sont dans mon cabinet.

Je n'ai pu m'appliquer à faire des découvertes utiles, sans que mes efforts même ne m'en aient fait faire d'agréables. Quoique je n'attache pas un grand mérite à ces dernieres, il me suffit qu'elles puissent être bien reçues du public pour que je me croie obligé de lui faire part de quelques-unes.

# PARTIE AGRÉABLE.

## Article Premier,

La vue des fêtes brillantes, & sur-tout des illuminations qui furent faites dans la capitale, à une époque à jamais mémorable dans la nation, je veux dire la naissance de monseigneur le Dauphin, me donna l'idée de former une piece relative à ce genre, & à ces heureuses circonstances.

Celle que j'ai imaginée, représente un temple ou monument public d'une noble architecture, en transparent & découpé à jour dans toutes les parties. Cette piece, qui a 20 pieds de long sur 11 de hauteur, présente à l'œil tout ce qu'on peut imaginer de plus brillant. L'illusion est au point que le tout représente un édifice de pierreries de toutes les couleurs & de toutes les nuances. La méchanique a beaucoup de part dans cet ouvrage. J'y ai réuni tout ce que le goût a pu me suggérer de plus propre à le rendre convenable à la décoration d'une fête brillante ; & j'aurois desiré qu'il eût pu être accompli assez à tems pour l'exposer aux yeux de leurs majestés, lorsque, par leur présence, elles vinrent à Paris augmenter la joie publique. Mais la perfection que j'ai cherchée, ne m'a pas permis de l'accomplir aussi-tôt que je l'aurois souhaité. Je ne viens même que de le terminer, ayant jugé à propos de l'accompagner d'un nouveau genre d'artifice, que j'ose dire être aussi agréable que surprenant.

Les idées neuves que la composition de cet ouvrage m'a suggérées, pourroient être d'une grande utilité pour augmenter l'éclat des théatres & des salles de spectacles. Je me ferai un plaisir de les communiquer aux gens de l'art, s'ils veulent bien me faire l'honneur de me consulter.

J'observerai que j'ai projeté une décoration entiere en treillage transparent, dont l'effet seroit de la plus grande beauté. Mais la longeur de cet ouvrage ne m'a pas encore permis de l'exécuter.

## Article II.

J'ai composé une encre, à laquelle j'ai donné, il y a plusieurs années, le titre d'encre d'amour. En voici l'effet. On écrit avec cette encre, sans qu'il y ait sur le papier aucuns caracteres apparens. Aussi-tôt qu'on le desire, les caracteres renaissent, disparoissent ensuite d'eux-mêmes, & renaissent encore autant de fois qu'on le veut. Indépendamment de tous les agrémens que cette encre peut avoir dans la société, elle peut être employée à des usages très-utiles. Par exemple, on desireroit avoir sous les yeux un dessin, un plan, qui ne pût être vu de personne, on y réussira en le traçant avec une encre de cette espece, &c. On en trouvera à mon dépôt.

## Article III.

L'art de peindre sur verre est connu; mais il n'a point encore été perfectionné au point où je me flatte d'être parvenu. J'ai trouvé des moyens beaucoup plus sûrs & plus prompts pour coller & enlever l'estampe, & la peindre avec plus de goût. En moins de huit jours, une personne adroite & intelligente est en état d'apprendre cet art si agréable, & qui attache à mesure qu'on y réussit mieux, & qu'on le pratique davantage.

## Article IV.

J'ai le secret de jasper la peinture si agréablement, qu'elle l'emporte à l'œil sur le porphire, le marbre & le stuc les plus brillans. Mon procédé fait paroître & ressortir, dans la peinture, les objets les plus variés, tels que des animaux, des arbres, des rochers, &c. en formes irrégulieres, & telles que l'imagination se les représente quelquefois dans un nuage. Cette peinture, employée dans un sallon, un boudoir, &c. produit le plus bel effet, se fait promptement, & sans beaucoup de frais.

Je pourois ajouter ici le détail d'une foule d'autres découvertes agréables, & d'expériences physiques; mais je le supprime, pour ne point fatiguer le lecteur, & je répete que j'attache bien peu de prix à toutes ces bagatelles. Je n'en aurois pas même parlé du tout, si je ne m'étois souvenu qu'elles ont fait l'amusement d'un Prince dont les bontés me sont toujours présentes,

L'on présume bien que je veux parler de son alteſſe royale dom Gabriel, infant d'Eſpagne, à qui j'ai fait, ſous ſes yeux, un cabinet complet de phyſique, dans la partie agréable. Je me rappelle même avec attendriſſement, que feu monſeigneur le duc de Bourgogne, jeune Prince ſi regrettable & ſi regretté, daigna m'appeller ſouvent auprès de lui pour le récréer par mes expériences, & qu'il daignoit ſourire aux efforts que je faiſois pour lui plaire & lui procurer quelqu'amuſement.

### OBSERVATIONS.

J'ai conſidéré qu'il ſeroit de la derniere importance pour une ville auſſi ſuperbe & auſſi célebre que Paris, que la propreté, d'ailleurs ſi néceſſaire à la ſanté des citoyens, régnât dans toutes les parties de cette grande ville. Cet inconvénient eſt cauſé principalement par toutes les eaux intérieures des maiſons, qui s'écoulent continuellement dans les ruiſſeaux, & y ſont en ſtagnation; ce qui infecte Paris, ſouille le pavé, & rend les rues de la plus grande incommodité. Une autre cauſe de cette malpropreté, eſt le dépôt, au coin des portes & des bornes, de toutes les ordures, des cendres, de la suie &c. La pluie tombant sur ces ordures, les entraîne souvent au milieu des rues. Elles y sont aussi détournées par la course de ceux qui vont & viennent, & que le soin d'éviter les voitures, forcent souvent de marcher sur ces immondices.

Dans la ville de Madrid, où les mêmes inconvéniens subsistoient autrefois, on remarque aujourd'hui la plus grande propreté. Elle est due aux moyens qui ont été employés par les ordres de son excellence monseigneur le comte d'Aranda. L'on pourroit les pratiquer ici, & les effets en seroient aussi agréables que salutaires.

L'embarras que cause à chaque instant dans les rues de Paris le choc des voitures qui s'accrochent, sur-tout en tems de neige, de glaces & de verglas, donne souvent lieu à des accidens, retarde la marche & la circulation générale, produit souvent la rupture des essieux, &c. Il seroit bien essentiel de remédier à tous ces inconvéniens. Le moyen d'y parvenir existe ; je l'ai trouvé, & je suis prêt à en faire part aux chefs de l'administration, & au magistrat régisseur de la police, aussi-tôt qu'ils le jugeront à propos.

L'essieu est la partie principale & essentielle des voitures. Sa rupture cause tous les jours une foule d'accidens, sur-tout à Paris, où ils sont très-multipliés. C'est au défaut de bonne fabrication des essieux qu'il faut attribuer cette rupture, qui arrive presque toujours au défaut de l'échantignol. Cela ne provient que du défaut de force & de nourriture dans le collet des essieux, & de ce que les ouvriers, en les forgeant à neuf, négligent trop de renforcer cette partie qui devroit être plus résistante. Les vieux essieux que l'on fait recharger par les deux fusées, sont les plus sujets à ce défaut, parce que le bout de la mise que l'on y ajoute pour les recharger, se termine toujours au défaut de l'échantignol, tandis qu'il devroit s'étendre beaucoup plus loin ; ce qui nourriroit les collets des essieux dans les deux extrémités, & leur donneroit par conséquent beaucoup plus de résistance.

Une autre cause de la rupture des essieux, procede de ce que plusieurs ouvriers les forgent sur le plat; ce qui ne devroit pas être.

L'usage actuel est de faire tourner des

essieux pour les faire entrer dans des boîtes de cuivre. J'en ai vu un, il y quelque tems chez m. Michel, méchanicien & tourneur. Cet essieu étoit sur le tour. Si j'en avois connu le propriétaire, je me serois fait un devoir de le prévenir de la mauvaise fabrication de l'essieu quant à la forge, tant j'ai été frappé de ce vice, consistant dans la trop grande foiblesse des collets au défaut de l'échantignol. M. Michel en convint lui-même avec moi ; mais il ne pouvoit tourner cet essieu que dans l'état où il étoit. Je puis raisonner sur cette partie avec d'autant plus de solidité, que j'en ai une grande expérience, ayant forgé moi-même un grand nombre d'essieux de toute nature, d'après les principes du célebre Bezard, arcadier.

Il seroit intéressant pour la sûreté publique, qu'une personne de grande expérience dans ce genre, fût commise par l'autorité pour inspecter ces sortes d'ouvrages, & les faire exécuter avec toute la perfection qu'ils exigent, pour prévenir tous les accidens qui arrivent journellement.

J'ai remarqué que les réverberes actuels pour l'illumination de Paris, ne produisoient pas, à beaucoup près, le degré de clarté qu'ils devroient donner; ce qui procede de la qualité des matieres avec lesquelles les plaques sont faites. Je suis persuadé que si elles étoient en acier ou en tôle de Suede finie & polie, au lieu de l'être en cuivre argenté, elles rendroient beaucoup plus de clarté, & deviendroient d'ailleurs plus économiques. Il seroit important que toutes ces plaques fussent faites par un principe d'unité & de régularité dont je donnerois l'idée, si l'administration me faisoit l'honneur de me consulter. J'ai fait ces observations, ou plutôt ces expériences, en fabriquant mes miroirs d'acier, dont j'ai parlé ci-devant.

Je pourrois étendre bien davantage les remarques que j'ai faites sur nos arts; mais ce travail me conduiroit à faire un livre entier; ce qui n'entre point dans mon intention. J'en ai peut-être même trop dit, & je crains bien que ce mémoire, où je n'ai présenté qu'une esquisse du fruit de mes travaux & de mes veilles, ne trouve que des lecteurs indifférens. J'ai trop éprouvé que le goût des arts se refroidit, & que ceux qui les cultivent, ont peu sujet d'attendre que leurs peines leur obtiennent un grand succès.

Il répugne aux vrais artistes d'aller au-devant des récompenses, & de rechercher des protecteurs. La crainte de se voir confondus avec la foule des intrigans, que la cupidité seule fait mouvoir, les retient dans leurs laboratoires, & les réduit à sacrifier une partie de leurs talens à n'en faire usage que pour leur propre satisfaction. Au premier signal de ceux que leur élévation rend les dispensateurs de la gloire, l'artiste sortiroit de l'obscurité des lieux où il s'applique chaque jour à fertiliser son génie, sans fruit, & sans avantage pour le bien de l'état, & il produiroit des chefs-d'œuvre, lorsque tous ses travaux s'évanouissent & s'annullent pour la société.

Je prie mes lecteurs de me pardonner ces réflexions. J'ai été d'autant moins le maître de les supprimer, que depuis trente années je travaille avec obstination pour faire des découvertes utiles, & qui ont été jugées telles, sans que j'en aie retiré d'autre fruit en France, que d'épuiser ma santé, & d'altérer ma fortune.

Si je communique quelquefois mes idées à quelqu'un, on ne manque pas de me dire : Pourquoi n'exécutez-vous pas cela ?

Mais ne fait-on pas que les moyens d'un particulier tel que moi font bornés, & que fi je m'abandonnois à ma propre paffion, qui eft de créer, je me ruinerois infailliblement. J'ai chez moi pour plus de 40000 liv. de machines, tant pour l'utile que pour l'agréable. Je fuis donc à préfent obligé d'enchaîner mes bras pour me réferver le néceffaire, & conferver la liberté, mere du génie.

Qu'il me foit permis, en finiffant, d'exprimer un vœu bien naturel! Ne feroit-il pas de quelque utilité que les principes que j'ai acquis dans les arts, tant pour la célérité que pour l'exactitude, puffent fe communiquer? On me fait quelquefois la grace d'applaudir à mes découvertes; mais en même-tems l'on me fait des reproches de ce que je ne révele pas mes procédés, de ce que je ne forme pas d'éleves, & de ce que mes connoiffances demeurent à moi feul, fans s'étendre & fe propager, comme cela feroit à defirer.

Mais puis-je, fans l'encouragement du gouvernement, ou des perfonnes qui fe déclarent, à jufte titre, les protecteurs des arts, fuivre l'inclination naturelle de faire tout ce qui dépendroit de moi, pour que mes foibles talens ne demeuraſſent point ſtériles ? Les forces humaines ont leurs bornes. L'âge où je ſuis parvenu, & plus encore mes travaux continuels, ont affoibli mes facultés, ſans pourtant diminuer mon zele. L'aiguillon ſeul de la gloire peut me les rendre ; & ſi j'étois aſſez heureux pour que l'autorité elle-même me crût digne de ſa confiance, en inſtituant une eſpece d'école gratuite, où je développerois & enſeignerois mes principes, où je montrerois des procédés auſſi ſimples que ſûrs, pour tendre à la célérité, à l'exactitude, & à la plus grande perfection de chaque genre, je me ſentirois encore aſſez de force, & mon courage abattu ſe ranimeroit : peut-être parviendrois-je à exciter l'émulation, à faire naître de grands talens, à donner lieu à de nouvelles découvertes ; en un mot, à rendre de grands ſervices aux arts. Ce ſuccès ſeroit le plus cher à mon cœur ; & ſi je l'obtenois, je ſerois aſſez récompenſé de mes travaux.

Pluſieurs des machines dont je viens de parler, ont été vues cette année, à l'aſſemblée de la correspondance générale des arts & des ſciences, rue Saint-André-des-Arcs.

Si

Si, d'après ce que je viens d'exposer, quelqu'un vouloit me demander des avis, on peut m'écrire, franc de port, à ma demeure, rue de Poissy, à Saint Germain-en-Laye. Quoique mon goût & mes occupations m'éloignent de tout commerce de lettres, le desir d'être utile me fera toujours trouver du plaisir à répondre à tous ceux qui me feront l'honneur de me consulter.

## FIN.

## APPROBATION.

J'AI lu par ordre de Monseigneur le Vice-Chancelier, un Manuscrit qui a pour titre: *Hommage aux Amateurs des Arts*; non-seulement je n'y ai rien trouvé qui puisse en empêcher l'impression, mais comme il annonce des machines & inventions dont la plûpart ont des objets utiles, & que leur bonté est constatée par des approbations de l'Académie Royale des sciences, je crois que cette publication ne peut être que très-avantageuse au public. A Versailles, ce 22 Octobre 1782.

*Signé*, MONTUCLA.

## PRIVILÉGE DU ROI.

LOUIS, par la grace de Dieu, Roi de France & de Navarre: A nos Amés & Féaux Conseillers, les Gens tenans nos Cours de Parlement, Maîtres des Requêtes ordinaires de notre Hôtel, Grand Conseil, Prevôt de Paris, Baillifs, Sénéchaux, leurs Lieutenans Civils & autres nos Justiciers qu'il appartiendra; SALUT. Notre amé le Sieur PELLETIER, Ingénieur-Machiniste, Nous a fait exposer qu'il désireroit faire imprimer & donner au Public un Ouvrage qui a pour titre : *Hommage aux Amateurs des Arts*, s'il nous plaisoit lui accorder nos Lettres de Permission pour ce nécessaire. A CES CAUSES, voulant favorablement traiter l'Exposant, Nous lui avons permis & permettons par ces Présentes de faire imprimer ledit Ouvrage autant de fois que bon lui semblera, & de le faire vendre & débiter partout notre Royaume pendant le tems de cinq années consécutives, à compter du jour de la date des Présentes. Faisons défenses à tous Imprimeurs, Libraires & autres personnes de quelque qualité & condition qu'elles soient, d'en introduire d'impression étrangere dans aucun lieu de notre obéissance; à la charge que ces Présentes seront enregistrées tout au long sur le Registre de la Communauté des Imprimeurs & Libraires de Paris, dans trois mois de la date d'icelles; que l'impression dudit Ouvrage sera faite dans notre Royaume, & non ailleurs, en bon papier & beaux caracteres; que l'Impétrant se conformera en tout aux Réglemens de la Librairie, & notamment à celui du 10 Avril 1725, & à l'Arrêt de notre Conseil du 30 Août 1777, à peine de déchéance de la présente Permission; qu'avant de l'exposer en vente, le manuscrit qui aura servi de copie à l'impression dudit Ouvrage sera remis dans le même état où l'Approbation y aura été donnée ès mains de notre très-cher & féal Chevalier Garde des Sceaux de France le Sieur HUE DE MIROMESNIL, Commandeur de nos Ordres; qu'il en sera ensuite remis deux Exemplaires dans notre Bibliotheque publique, un dans celle de notre Château du Louvre, un dans celle de notre trèscher & féal Chancelier de France le Sieur DE MAUPEOU, & un dans celle dudit Sieur HUE DE MIROMESNIL; le tout à peine de nullité des Présentes : du contenu desquelles vous mandons & enjoignons de faire jouir ledit Exposant & ses ayans cause, pleinement & paisiblement, sans souffrir qu'il leur soit fait aucun trouble ou empêchement. Voulons qu'à la copie des Présentes qui sera imprimée tout au long, au commencement ou à la fin dudit Ouvrage foi soit ajoutée comme à l'original. Commandons au premier notre Huissier ou Sergent sur ce requis de faire pour l'exécution d'icelles tous Actes requis & nécessaires, sans demander autre permission, & nonobstant Clameur de Haro, Chartre Normande & Lettres à ce contraires : CAR tel est notre plaisir. Donné à Paris le quatrieme jour du mois de Décembre l'an de grace mil sept cent quatre-vingt-deux, & de notre Regne le neuvieme.

Par le Roi en son Conseil, LEBEGUE.

*Régistré sur le Registre XXI de la Chambre Royale & Syndicale des Libraires & Imprimeurs de Paris, N° 2805, fol. 798, conformément aux dispositions énoncées dans la présente Permission, & à la charge de remettre à ladite Chambre les huit Exemplaires prescrits par l'art. 108 du Réglement de 1723. A Paris, ce douzieme jour de Décembre 1782.*

FOURNIER, *Adjoint.*

www.ingramcontent.com/pod-product-compliance
Lightning Source LLC
Chambersburg PA
CBHW070214230526
45471CB00002B/945